Intra

Lehrgang für Latein ab Klasse 5 oder 6

Vokabeln II

Abkürzungsverzeichnis

Nom.	Nominativ
Gen.	Genitiv
Dat.	Dativ
Akk.	Akkusativ
Abl.	Ablativ
Sg.	Singular
Pl.	Plural
m.	maskulin
f.	feminin
n.	Neutrum
Adv.	Adverb
Part.	Partizip
Fut.	Futur
Akt.	Aktiv

ISBN 978-3-525-71820-9

© 2008 Vandenhoeck & Ruprecht GmbH & Co. KG, Göttingen / www.v-r.de
Alle Rechte vorbehalten. Das Werk und seine Teile sind urheberrechtlich geschützt.
Jede Verwertung in anderen als den gesetzlich zugelassenen Fällen bedarf der vorherigen
schriftlichen Einwilligung des Verlages. Hinweis zu § 52a UrhG: Weder das Werk
noch seine Teile dürfen ohne vorherige schriftliche Einwilligung des Verlages
öffentlich zugänglich gemacht werden. Dies gilt auch bei einer entsprechenden
Nutzung für Lehr- und Unterrichtszwecke. Printed in Germany.

Redaktion: Jutta Schweigert, Göttingen

Satz und Litho: SchwabScantechnik, Göttingen

Druck und Bindung: Quensen Druck + Verlag GmbH, Hildesheim

Gedruckt auf chlorfrei gebleichtem Papier

Lektion 26

Eigennamen

C. (= Gāius) Iūlius Caesar	C. Iūliī Caesaris *m.*	C. Iulius Caesar *(römischer Politiker und Schriftsteller, 100–44 v. Chr.)*
Gallia	Galliae *f.*	Gallien *(entspricht in etwa dem heutigen Frankreich)*
Gallus	Gallī *m.*	Gallier
Gallus	Galla, Gallum	gallisch
Vercingetorīx	Vercingetorīgis *m.*	*Fürst der Arverner, einer gallischen Völkerschaft*

Stammformen bereits gelernter Verben

agere	agō, ēgī, āctum	1. tun, machen 2. treiben 3. betreiben 4. (ver)handeln
cupere	cupiō, cupīvī, cupītum	wünschen, wollen
dēfendere	dēfendō, dēfendī, dēfēnsum	verteidigen, schützen
īre	eō, iī, itum	gehen
iubēre	iubeō, iussī, iussum	befehlen
redīre	redeō, rediī, reditum	zurückgehen, zurückkehren
subīre	subeō, subiī, subitum	auf sich nehmen
tollere	tollō, sustulī, sublātum	hoch-, aufheben

Neue Vokabeln
Teil 1

prōcōnsul	prōcōnsulis *m.*	Prokonsul *(ehemaliger Konsul)*
dux	ducis *m.*	Führer, Heerführer
ille	illa, illud	jener
hic	haec, hoc	dieser
5 admīrābilis	admīrābilis, admīrābile	bewundernswert
legiō	legiōnis *f.*	Legion *(römischer Heeresverband, bestehend aus etwa 6000 Mann)*
obsīdere	obsīdō, obsēdī, obsessum	belagern
situs	sita, situm	gelegen
locus	locī *m.*	Ort, Stelle
10 dēpellere	dēpellō, dēpulī, dēpulsum	vertreiben, verjagen
sitis	sitis *f.*; *Akk.* sitim, *Abl.* sitī	Durst
dēdere	dēdō, dēdidī, dēditum	übergeben, ausliefern
sē dēdere		sich ergeben

Teil 2

exsultāre	exsultō	jubeln
līberālis	līberālis, līberāle	großzügig, freigebig
15 praebēre	praebeō	gewähren
sē praebēre		sich geben, sich zeigen
requiēscere	requiēscō, requiēvī	sich ausruhen
ambitiō	ambitiōnis *f.*	Ehrgeiz
immoderātus	immoderāta, immoderātum	maßlos
parum	*Adv.*	zu wenig
20 memor	memoris *mit Gen.*	sich erinnernd/denkend *an*
maximus	maxima, maximum	größter; sehr groß
obsidiō	obsidiōnis *f.*	Belagerung
mūnītiō	mūnītiōnis *f.*	1. Befestigung 2. Schanzarbeit
exstruere	exstruō, exstrūxī, exstrūctum	aufbauen, errichten
25 tēlum	tēlī *n.*	Geschoss
caedēs	caedis *f.* Gen. Pl. caedium	Mord; Blutbad, Gemetzel
crūdēlis	crūdēlis, crūdēle	grausam
quantus (?)	quanta, quantum	wie groß (?)

Lektion 27

Eigennamen

Augustus	Augustī *m.*	Augustus *(erster römischer Kaiser, 31 v.–14 n. Chr.)*
Bāiae	Bāiārum *f. Pl.*	Baiae *(Seebad bei Neapel)*
Iūlia	Iūliae *f.*	Eigenname *(hier: Tochter des Kaisers Augustus)*

Stammformen bereits gelernter Verben

convenīre	conveniō, convēnī, conventum	1. zusammenkommen 2. treffen
ferre	ferō, tulī, lātum	1. bringen, tragen 2. ertragen
reddere	reddō, reddidī, redditum	1. wiedergeben, bringen 2. machen *zu*
scrībere	scrībō, scrīpsī, scrīptum	schreiben
vīvere	vīvō, vīxī, vīctum	leben

Neue Vokabeln

Rōmae	*Lokativ*	in Rom
Rōmā	*Abl. sep.*	aus Rom
prīnceps	prīncipis *m.*	1. Erster, Anführer 2. Kaiser
nepōs	nepōtis *m.*	Enkel
5 ipse	ipsa, ipsum	selbst
sevēritās	sevēritātis *f.*	Strenge
ēducāre	ēducō	erziehen
probus	proba, probum	rechtschaffen, anständig
honestus	honesta, honestum	angesehen, anständig
10 iste	ista, istud	dieser (da); der da
male	*Adv.*	schlecht
corrigere	corrigō, corrēxī, corrēctum	verbessern
libīdinōsus	libīdinōsa, libīdinōsum	zügellos, ausschweifend
vītam agere		(s)ein Leben führen
15 poena	poenae *f.*	Strafe
poenās *(mit Gen.)* dare		büßen *für*
flāgitium	flāgitiī *n.*	Schande, Schandtat
iūrāre	iūrō	schwören
relēgāre	relēgō	verbannen
opprobrium	opprobriī *n.*	1. Vorwurf 2. Schande
20 egēre	egeō, eguī, – *mit Abl.*	Mangel haben *an*
vehementer	*Adv.*	heftig
respondēre	respondeō, respondī, respōnsum	antworten, erwidern
tālis	tālis, tāle	so beschaffen, solch ein
continēns	continentis *f.* Gen. Pl. continentium	Festland
25 condiciō	condiciōnis *f.*	Bedingung
paulō		(um) ein wenig, etwas
nōscere	nōscō, nōvī, nōtum	kennenlernen

Lektion 28

Eigennamen

Arminius	Arminiī *m.*	*Eigenname*
Cheruscī	Cheruscōrum *m. Pl.*	Cherusker *(germanisches Volk an der Weser)*
Germānia	Germāniae *f.*	Germanien
Germānus	Germānī *m.*	Germane
Germānus	Germāna, Germānum	germanisch
Vārus Quīntilius	Vārī Quīntiliī *m.*	*Eigenname*

Stammformen bereits gelernter Verben

dīcere	dīcō, dīxī, dictum	sagen
dūcere	dūcō, dūxī, ductum	führen
interficere	interficiō, interfēcī, interfectum	töten

Neue Vokabeln

exercitus	exercitūs *m.*	Heer
ingenium	ingeniī *n.*	1. Anlage, Begabung 2. Wesen
mītis	mītis, mīte	mild, sanft
praeter	*mit Akk.*	außer
5 membrum	membrī *n.*	Glied
metus	metūs *m.*	Furcht
iūs	iūris *n.*	Recht
iūs dīcere		Recht sprechen
domāre	domō, domuī, domitum	1. zähmen 2. bezwingen
arma	armōrum *n. Pl.*	Waffen
10 solēre	soleō	pflegen, gewohnt sein
iūstitia	iūstitiae *f.*	Gerechtigkeit
praetor	praetōris *m.*	Prätor *(oberster römischer Justizbeamter)*
praeesse	praesum, praefuī *mit Dat.*	vorstehen, an der Spitze stehen, leiten
mīlitāre	mīlitō	als Soldat dienen
15 aliquī	aliqua, aliquod *adjektivisch*	irgendein, irgendeine, irgendein; *Pl.* manche, einige
aliquis	aliquid *substantivisch*	1. irgendeiner, irgendeine, irgendetwas 2. jemand, etwas
ēgregius	ēgregia, ēgregium	hervorragend, ausgezeichnet
cīvitās	cīvitātis *f.*	1. Gemeinde, Staat 2. Bürgerrecht

	dōnāre	dōnō	(be)schenken
20	cōgnōscere	cōgnōscō, cōgnōvī, cōgnitum	kennenlernen, erkennen, erfahren
	coniūrāre	coniūrō	sich verschwören

silva	silvae f.	Wald
palūs	palūdis f.	Sumpf
horribilis	horribilis, horribile	entsetzlich, grauenhaft
25 opprimere	opprimō, oppressī, oppressum	1. unterdrücken, bedrängen 2. überfallen
pedes	peditis m.	Fußsoldat
eques	equitis m.	Reiter, Ritter
manus	manūs f.	1. Hand 2. Schar
cōnserere	cōnserō, cōnseruī, cōnsertum	zusammenfügen, verbinden
manūs cōnserere		handgemein werden, einen Kampf beginnen

30 interitus	interitūs m.	Untergang
aliquem certiōrem facere	dē mit Abl.	jemanden informieren über
lavāre	lavō, lāvī, lautum	waschen

Lektion 29

Eigennamen

Caesar	Caesaris m.	*Ehrentitel der römischen Kaiser*
Chrīstiānus	Chrīstiānī m.	Christ
Chrīstiānus	Chrīstiāna, Chrīstiānum	christlich
Circus Maximus	Circī Maximī m.	Circus Maximus *(Stadion/Rennbahn in Rom)*
Nerō	Nerōnis m.	Nero *(römischer Kaiser 54–68 n. Chr.)*

Stammformen bereits gelernter Verben

accipere	accipiō, accēpī, acceptum	annehmen, empfangen
conicere	coniciō, coniēcī, coniectum	1. werfen 2. vermuten
dēlēre	dēleō, dēlēvī, dēlētum	zerstören
recipere	recipiō, recēpī, receptum	aufnehmen

Neue Vokabeln

incendium	incendiī *n.*	Brand
ārdēre	ārdeō, ārsī, *Part. der Nachzeitigkeit Akt./Part. Fut. Akt.* ārsūrus	brennen
ruere	ruō, ruī, rutum	stürzen
tūtus	tūta, tūtum	sicher, geschützt
5 sē recipere		sich zurückziehen
flamma	flammae *f.*	Flamme
ventus	ventī *m.*	Wind
vehemēns	vehementis	heftig
alere	alō, aluī, altum	(er)nähren
10 taberna	tabernae *f.*	1. Laden, Werkstatt 2. Wirtshaus, Kneipe
templum	templī *n.*	Tempel
domus	domūs *f.*	Haus
corripere	corripiō, corripuī, correptum	zusammenraffen, ergreifen
exstinguere	exstinguō, exstīnxī, exstīnctum	(aus)löschen
15 sextus	sexta, sextum	sechster
antīquus	antīqua, antīquum	alt, altehrwürdig
āmittere	āmittō, āmīsī, āmissum	verlieren
vestis	vestis *f. Gen. Pl.* vestium	Kleid(ungsstück)
rūmor	rūmōris *m.*	Gerücht
20 appellāre	appellō	nennen
comprehendere	comprehendō, comprehendī, comprehēnsum	ergreifen
vinculum	vinculī *n.*	Fessel
in vincula conicere		in Fesseln legen, ins Gefängnis werfen
crīmen	crīminis *n.*	1. Beschuldigung 2. Vergehen
condemnāre	condemnō	verurteilen
25 condemnāre	*mit Gen.*	*wegen etwas* verurteilen
crux	crucis *f.*	Kreuz
affīgere	affīgō, affīxī, affīxum *mit Dat.*	anheften *an*
crucī affīgere		ans Kreuz schlagen
īnflammāre	īnflammō	in Brand stecken, anzünden

| māgnificentissimus | māgnificentissima, māgnificentissimum | überaus prächtig |

Lektion 30

Eigennamen

Britannia	Britanniae f.	Britannien
Gallus	Galla, Gallum	gallisch
Hadriānus	Hadriānī m.	Hadrian *(römischer Kaiser 117–138)*
Vindolanda	Vindolandae f.	*Kastell am Hadrianswall in Britannien*

Stammformen bereits gelernter Verben

| manēre | maneō, mānsī, *Part. der Nachzeitigkeit Akt./Part. Fut. Akt.* mānsūrus | bleiben |

Neue Vokabeln

	praefectus	praefectī m.	Vorsteher, Befehlshaber
	salūs	salūtis f.	Wohlergehen, Heil
	salūtem dīcere		grüßen
	vēr	vēris n.	Frühling
	inīre	ineō, iniī, initum, *Part. der Gleichzeitigkeit/Part. Präs. Akt.* iniēns, ineuntis	1. hineingehen, betreten 2. anfangen, beginnen
5	castellum	castellī n.	Kastell
	advenīre	adveniō, advēnī, adventum	ankommen
	prīmum	*Adv.*	zum ersten Mal
	opus	operis n.	1. Arbeit, Mühe 2. Werk, Bauwerk
	circumspicere	circumspiciō, circumspexī, circumspectum	betrachten, mustern
10	ērigere	ērigō, ērēxī, ērēctum	aufrichten, errichten
	repellere	repellō, reppulī, repulsum	zurücktreiben, -schlagen
	quiēscere	quiēscō, quiēvī, quiētum	1. (sich aus)ruhen 2. Ruhe geben
	statiō	statiōnis f.	Wachposten
	barbarus	barbarī m.	Barbar, Ausländer
15	incolere	incolō, incoluī, incultum	wohnen, bewohnen
	cōmitās	cōmitātis f.	Freundlichkeit, Umgänglichkeit
	mercātūra	mercātūrae f.	Handel
	mercātūrās facere		Handel treiben
	māteria	māteriae f.	Baumaterial, (Bau-)Holz

	lāna	lānae f.	Wolle
	lānam facere		spinnen
20	frūgēs	frūgum f. Pl.	(Feld-)Früchte
	cervīsia	cervīsiae f.	Bier
	auxilia	auxiliōrum n. Pl.	Hilfstruppen
	herī	Adv.	gestern
	amīca	amīcae f.	Freundin
25	fugam capere		die Flucht ergreifen
	vēnātiō	vēnātiōnis f.	Jagd
	crēber	crēbra, crēbrum	zahlreich, häufig
	imber	imbris m.	Regen(guss)
		Gen. Pl. imbrium	
	nebula	nebulae f.	Nebel
30	foedus	foeda, foedum	hässlich, scheußlich
	dulcis	dulcis, dulce	süß, angenehm
	valēre	valeō	1. stark/kräftig sein 2. gesund sein, sich wohlbefinden

Lektion 32

Neue Vokabeln

	ēbrius	ēbria, ēbrium	betrunken
	nauta	nautae **m.**	Seemann
	frīgidus	frīgida, frīgidum	kalt
	sīc	Adv.	so
5	ergō	Adv.	folglich, also
	fit		es geschieht
	fīat		es möge geschehen
	sīcut	Adv.	so wie
	pānis	pānis m.	Brot
		Gen. Pl. pānium	
	nē	mit Konj. (Einleitung eines verneinten Wunsches)	nicht
10	indūcere	indūcō, indūxī, inductum	hineinführen
	tentātiō	tentātiōnis f.	Versuchung
	malum	malī n.	Übel
	officium	officiī n.	Pflicht
	vīlicus	vīlicī m.	Verwalter

15 disciplīna	disciplīnae *f.*	1. Lehre 2. Zucht, Disziplin
fēriae	fēriārum *f. Pl.*	Fest-, Feiertage
abstinēre	abstineō, abstinuī, abstentum *mit Abl.*	sich *einer Sache* enthalten, sich fernhalten *von*
noxa	noxae *f.*	1. Schaden 2. Schuld
vindicāre	vindicō	1. beanspruchen 2. befreien 3. bestrafen
20 male est alicui		jemandem geht es schlecht
sōbrius	sōbria, sōbrium	nüchtern
sapere	sapiō, sapīvī	1. klug/weise sein 2. verstehen, wissen
iniussū	*unveränderlich*	ohne Befehl, ohne Auftrag
exigere	exigō, exēgī, exāctum	1. eintreiben, einfordern 2. ausführen, vollenden
25 surgere	surgō, surrēxī, surrēctum	aufstehen, sich erheben
postrēmus	postrēma, postrēmum	letzter
prius	*Adv.*	früher, vorher
claudere	claudō, clausī, clausum	(ver)schließen
cubāre	cubō, cubuī, cubitum	liegen, ruhen
30 iūmentum	iūmentī *n.*	Zug-, Lasttier
pābulum	pābulī *n.*	Futter
utinam	*mit Konj. (Einleitung eines Wunsches)*	o dass doch, hoffentlich
levis	levis, leve	leicht

Lektion 33

Eigennamen

Asia	Asiae *f.*	Kleinasien
Athēnae	Athēnārum *f. Pl.*	Athen

Stammformen bereits gelernter Verben

mittere	mittō, mīsī, missum	1. schicken 2. werfen, schießen
venīre	veniō, vēnī, ventum	kommen

Neue Vokabeln
Text 1

aufugere	aufugiō, aufūgī, –	entfliehen
inde	*Adv.*	1. von dann 2. von dort 3. daher
fugitīvus	fugitīva, fugitīvum	flüchtig, entlaufen

cūstōdia	cūstōdiae *f.*	1. Wache, Bewachung 2. Gefängnis
5 trādere	trādō, trādidī, trāditum	übergeben, überliefern
rogāre	rogō	bitten, fragen
ut	*mit Konj.*	1. dass 2. sodass 3. damit
investīgāre	investīgō	aufspüren, ausfindig machen
dīligentia	dīligentiae *f.*	Sorgfalt
10 vel … vel		1. entweder … oder 2. teils … teils
nē	*mit Konj.*	1. dass nicht 2. damit nicht
rūrsus	*Adv.*	wieder
propter	*mit Akk.*	wegen
scelus	sceleris *n.*	Verbrechen

Text 2

15 litterātus	litterāta, litterātum	gebildet
aptē	*Adv.*	geeignet, passend
ōrātiō	ōrātiōnis *f.*	Rede
historia	historiae *f.*	1. Geschichte 2. Geschichtswerk
carmen	carminis *n.*	1. Spruch 2. Gedicht 3. Lied
20 legere	legō, lēgī, lēctum	1. lesen, vorlesen 2. sammeln
discere	discō, didicī, –	lernen
morbus	morbī *m.*	Krankheit
dēstināre	dēstinō	bestimmen, beschließen
recreāre	recreō	wiederherstellen, kräftigen
25 reficere	reficiō, refēcī, refectum	wiederherstellen
salūber	salūbris, salūbre	gesund
parcus	parca, parcum	sparsam
modestus	modesta, modestum	bescheiden

Text 3

inūtilis	inūtilis, inūtile	nutzlos
30 ūtilis	ūtilis, ūtile	nützlich
optāre	optō	wünschen
remittere	remittō, remīsī, remissum	zurückschicken
nocēre	noceō	schaden

Lektion 34

Eigennamen

Chrīstus	Chrīstī *m.*	*Eigenname*
Mārcus	Mārcī *m.*	*Eigenname*
Plīnius (Secundus)	Plīniī (Secundī) *m.*	Plinius *(römischer Schriftsteller, um 100 n. Chr.; Statthalter in Bithynien, nördliches Kleinasien)*
Trāiānus	Trāiānī *m.*	Trajan *(römischer Kaiser 98–117 n. Chr.)*

Stammformen bereits gelernter Verben

invenīre	inveniō, invēnī, inventum	finden

Neue Vokabeln
Teil 1

	dubitāre	dubitō	1. zweifeln 2. zögern
	cum	*mit Konj.*	weil
	prōpōnere	prōpōnō, prōposuī, prōpositum	1. vorlegen 2. vorschlagen
	sine	*mit Abl.*	ohne
5	continēre	contineō, continuī, contentum	1. festhalten 2. enthalten, umfassen
	tamquam	*Adv.*	gleichwie, gleichsam (als)
	dēferre	dēferō, dētulī, dēlātum	1. überbringen 2. anzeigen
	num/-ne	*nach einem Verb des Fragens*	ob
	maledīcere	maledīcō, maledīxī, maledictum *mit Dat.*	*jemanden* schmähen, beleidigen
10	affirmāre	affirmō	versichern; bestätigen
	sacrāmentum	sacrāmentī *n.*	Eid
	obstringere	obstringō, obstrīnxī, obstrictum	verpflichten
	fūrtum	fūrtī *n.*	Diebstahl
	committere	committō, commīsī, commissum	1. veranstalten, begehen 2. anvertrauen
15	fidēs	fideī *f.*	Treue; Vertrauen
	fallere	fallō, fefellī, dēceptum	täuschen, betrügen
	fidem fallere		sein Wort brechen
	vērus	vēra, vērum	wahr
	tormentum	tormentī *n.*	Folter

superstitiō	superstitiōnis *f.*	Aberglaube
20 cēterī	cēterae, cētera	die Übrigen
supplicium	suppliciī *n.*	Todesstrafe, Hinrichtung
pūnīre	pūniō	(be)strafen

Teil 2

prōvincia	prōvinciae *f.*	Provinz; Amtsbereich
implēre	impleō, implēvī, implētum	erfüllen
25 auctōritās	auctōritātis *f.*	Ansehen, Einfluss
augēre	augeō, auxī, auctum	vermehren, vergrößern
rēctē	*Adv.*	richtig
tractāre	tractō	behandeln
convincere	convincō, convīcī, convictum	*eines Verbrechens* überführen
30 profectō	*Adv.*	in der Tat, sicherlich, gewiss
exemplum	exemplī *n.*	Beispiel
nec/neque		und nicht, auch nicht, aber nicht
saeculum	saeculī *n.*	Zeitalter; Jahrhundert

Lektion 35

Eigennamen

Tiberis	Tiberis *m.*	Tiber *(Fluss durch Rom)*

Stammformen bereits gelernter Verben

ascendere	ascendō, ascendī, ascēnsum	hinaufsteigen

Neue Vokabeln
Teil 1

cum	*mit Konj.*	als, nachdem; obwohl
regere	regō, rēxī, rēctum	lenken, leiten; verwalten
damnāre	damnō	verurteilen
nisī		wenn nicht
nihil nisī		nichts außer
5 adicere	adiciō, adiēcī, adiectum	hinzufügen
rescrībere	rescrībō, rescrīpsī, rescrīptum	zurückschreiben, antworten
vetāre	vetō, vetuī, vetitum	verbieten

	sententia	sententiae *f.*	1. Meinung 2. Satz, Aussage
	cōnfūsus	cōnfūsa, cōnfūsum	wirr, verworren
10	innocēns	innocentis	unschuldig
	nocēns	nocentis	schuldig
	parcere	parcō, pepercī, *Part. der Nachzeitigkeit Akt./Part. Fut. Akt.* parsūrus; *mit Dat.*	(ver)schonen

Teil 2

	clādēs	clādis *f.* Gen. Pl. clādium	1. Niederlage 2. Unglück, Katastrophe
	moenia	moenium *n. Pl.*	Stadtmauer(n)
15	movēre	moveō, mōvī, mōtum	bewegen
	luēs	luis *f.* Gen. Pl. luium	Seuche

	id est		das heißt
	adventus	adventūs *m.*	Ankunft
	pauper	pauperis	arm
20	dīves	dīvitis	reich
	īnfimus	īnfima, īnfimum	niedrigster, geringster
	īnferre	īnferō, intulī, illātum	1. hineintragen 2. zufügen
	vērō	*Adv.*	aber, jedoch
	tunc	*Adv.*	damals, dann
25	dīripere	dīripiō, dīripuī, dīreptum	plündern
	cōnfugere	cōnfugiō, cōnfūgī, –	flüchten, fliehen
	adōrāre	adōrō	anbeten
	vetus	veteris	alt
	āvertere	āvertō, āvertī, āversum	abwenden
30	philosophus	philosophī *m.*	Philosoph

Lektion 36

Eigennamen

Benedictus	Benedictī *m.*	Benedikt *(von Nursia, um 500; Begründer des Ordens der Benediktiner)*

Stammformen bereits gelernter Verben

occīdere	occīdō, occīdī, occīsum	töten
prōmittere	prōmittō, prōmīsī, prōmissum	versprechen

recēdere	recēdō, recessī, recessum	zurückweichen; sich zurückziehen

Neue Vokabeln

rēgula	rēgulae *f.*	Regel
sōlitūdō	sōlitūdinis *f.*	Einsamkeit
monastērium	monasteriī *n.*	Kloster
praeceptum	praeceptī *n.*	Vorschrift
5 monachus	monachī *m.*	Mönch
ōrdō	ōrdinis *m.*	1. Ordnung 2. Stand, Klasse 3. Orden
observāre	observō	1. beobachten 2. beachten, befolgen
dīligere	dīligō, dīlēxī, dīlēctum	lieben, hochachten
cor	cordis *n.*	Herz
10 anima	animae *f.*	Seele
deinde	*Adv.*	dann, darauf
proximus	proxima, proximum	nächster
nē	*mit Konj. Perf.*	*verneinter Imperativ*
nē occīderitis		tötet nicht!, ihr sollt nicht töten!
falsus	falsa, falsum	falsch
15 testimōnium	testimōniī *n.*	1. Zeugnis 2. Beweis
honōrāre	honōrō	ehren
castīgāre	castīgō	züchtigen; zügeln
nūdus	nūda, nūdum	nackt
vestīre	vestiō	(be)kleiden
20 īnfirmus	īnfirma, īnfirmum	schwach, krank
nōlī/nōlīte	*mit Inf.*	*verneinter Imperativ*
nōlī/nōlīte timēre!		fürchte dich/fürchtet euch nicht!
patientia	patientiae *f.*	Geduld
inimīcus	inimīcī *m.*	Feind, Gegner
oboedīre	oboediō	gehorchen
25 aliter	*Adv.*	anders
abesse	absum, āfuī	abwesend sein
īnstrūmentum	īnstrūmentī *n.*	Instrument, Werkzeug
noctū	*Adv.*	nachts, bei Nacht
mercēs	mercēdis *f.*	Lohn; Preis
30 iūdicium	iūdiciī *n.*	1. Urteil 2. Gericht
dīligenter	*Adv.*	sorgfältig

Lektion 38

Eigennamen

Seneca	Senecae *m.*	Seneca *(römischer Staatsmann und Philosoph, etwa 4 v. Chr.–65 n. Chr.; Erzieher des Kaisers Nero)*

Stammformen bereits gelernter Verben

gaudēre	gaudeō, gāvīsus sum	sich freuen
solēre	soleō, solitus sum	pflegen, gewohnt sein
sūmere	sūmō, sūmpsī, sūmptum	nehmen

Neue Vokabeln
Text 1

nūllus	nūlla, nūllum	kein
sequī	sequor, secūtus sum *mit Akk.*	folgen, befolgen
medicus	medicī *m.*	Arzt
varius	varia, varium	bunt; verschieden
5 genus	generis *n.*	1. Geschlecht 2. Art
modo … modo	*Adv.*	bald … bald
vēnārī	vēnor, vēnātus sum	jagen
interdum	*Adv.*	manchmal, bisweilen
verērī	vereor, veritus sum	1. fürchten 2. verehren
10 īgnāvia	īgnāviae *f.*	Trägheit
firmāre	firmō	stärken, kräftigen
senectūs	senectūtis *f.*	(hohes) Alter
adulēscentia	adulēscentiae *f.*	Jugend
lavārī	lavor, lautus/lavātus sum	sich waschen, baden
15 ūtī	ūtor, ūsus sum *mit Abl.*	benutzen, gebrauchen
īdem	eadem, idem	derselbe
bis	*Adv.*	zweimal
semel	*Adv.*	einmal

Text 2

fierī	fīō, factus sum	1. werden 2. geschehen 3. gemacht werden
20 turpis	turpis, turpe	schimpflich, schändlich
ēbrietās	ēbrietātis *f.*	Trunkenheit
perturbāre	perturbō	(völlig) verwirren

vidērī	videor, vīsus sum	scheinen
quam	*bei Vergleichen*	als
25 voluntārius	voluntāria, voluntārium	freiwillig
latēre		versteckt/verborgen sein
lūx	lūcis *f.*	Licht
in lūcem vocāre		ans Licht bringen
incertus	incerta, incertum	unsicher
dolēre		schmerzen; Schmerz empfinden
30 mōbilis	mōbilis, mōbile	beweglich
patī	patior, passus sum	erdulden, erleiden
mīrārī	mīror, mīrātus sum	sich wundern
loquī	loquor, locūtus sum	sprechen

Lektion 39

Stammformen bereits gelernter Verben

currere	currō, cucurrī, cursum	laufen
pōnere	pōnō, posuī, positum	1. setzen, stellen 2. (ab)legen
vidēre	videō, vīdī, vīsum	sehen

Neue Vokabeln

tōnsor	tōnsōris *m.*	Friseur, Barbier
sella	sellae *f.*	Stuhl, Sessel
tempestās	tempestātis *f.*	1. Wetter 2. Unwetter, Sturm
mālle	mālō, māluī	lieber wollen
5 cōnsīdere	cōnsīdō, cōnsēdī, cōnsessum	sich niederlassen, sich setzen
rādere	rādō, rāsī, rāsum	rasieren
cōnsuētūdō	cōnsuētūdinis *f.*	Gewohnheit
pila	pilae *f.*	Ball
velle	volō, voluī	wollen
10 iactāre	iactō	werfen
at		aber, jedoch
animadvertere	animadvertō, animadvertī, animadversum	bemerken
faber	fabrī *m.*	Handwerker
obīre	obeō, obiī, obitum	entgegengehen
mortem obīre		sterben
15 damnum	damnī *n.*	Verlust, Schaden

	restituere	restituō, restituī, restitūtum	wiederherstellen, ersetzen
	in iūs vocāre		vor Gericht bringen
	accūsāre	accūsō	anklagen
	accūsāre dē	*mit Abl.*	anklagen wegen
	calamitās	calamitātis *f.*	Unglück, Unheil
20	afflīgere	afflīgo, afflīxī, afflīctum	niederschlagen
	iūdex	iūdicis *m.*	Richter
	īgnōrāre	īgnōrō	nicht kennen, nicht wissen
	nōlle	nōlō, nōluī	nicht wollen
	contrā	1. *Adv.* 2. *mit Akk.*	1. dagegen, im Gegenteil 2. gegen
25	culpa	culpae *f.*	Schuld
	dēmum	*Adv.*	schließlich, erst
	firmus	firma, firmum	stark, sicher, zuverlässig
	amīcitia	amīcitiae *f.*	Freundschaft

Lektion 40

Eigennamen

Achāia	Achāiae *f.*	*Name der römischen Provinz Griechenland (Peloponnes und Mittelgriechenland)*

Stammformen bereits gelernter Verben

	adīre	adeō, adiī, aditum *mit Akk.*	1. herangehen *an* 2. angreifen 3. besuchen 4. sich wenden *an*
	relinquere	relinquō, relīquī, relictum	verlassen, zurücklassen

Neue Vokabeln
Text 1

	praecipere	praecipiō, praecēpī, praeceptum	1. vorausnehmen 2. vorschreiben
	praeceptor	praeceptōris *m.*	Lehrer
	amīcus	amīca, amīcum	freundschaftlich, freundlich
	admonēre	admoneō	(er)mahnen, erinnern
5	dīligēns	dīligentis	sorgfältig, gewissenhaft
	intellegere	intellegō, intellēxī, intellectum	einsehen, erkennen, verstehen

40 Vokabeln

hūmānitās	hūmānitātis *f.*	1. Menschenwürde 2. Menschlichkeit 3. Bildung
litterae	litterārum *f. Pl.*	1. Schrift 2. Brief 3. Wissenschaft(en)
benīgnus	benīgna, benīgnum	gütig, freundlich
10 recordārī	recordor	zurückdenken *an*, sich erinnern *an*
quisque	quaeque, quidque *substantivisch*	jeder
quisque	quaeque, quodque *adjektivisch*	jeder
reverērī	revereor	verehren
glōria	glōriae *f.*	Ruhm
15 māgnitūdō	māgnitūdinis *f.*	Größe
reliquus	reliqua, reliquum	übrig, restlich
ēripere	ēripiō, ēripuī, ēreptum	entreißen
dūrus	dūra, dūrum	hart
ferus	fera, ferum	1. wild 2. grausam
20 barbarus	barbara, barbarum	barbarisch
prōvinciālēs	prōvinciālium *m. Pl.*	Provinzbewohner
administrāre	administrō	verwalten

Text 2

pervenīre	perveniō, pervēnī, perventum	(hin)gelangen
certus	certa, certum	sicher, entschieden
25 potissimum	*Adv.*	hauptsächlich, besonders
praestāre	praestō, praestitī, praestitum, *Part. der Nachzeitigkeit Akt./Part. Fut. Akt.* praestātūrus	1. an den Tag legen, beweisen 2. voranstehen, übertreffen
cōnsequī	cōnsequor, cōnsecūtus sum	1. nachfolgen 2. erreichen
adipīscī	adipīscor, adeptus sum	erlangen, erreichen
monumentum	monumentī *n.*	Denkmal, Andenken
30 prūdēns	prūdentis	klug
suprēmus	suprēma, suprēmum	höchster, äußerster

Lektion 41

Stammformen bereits gelernter Verben

iacere	iaciō, iēcī, iactum	werfen, schleudern
trānsīre	trānseō, trānsiī, trānsitum	überqueren

Neue Vokabeln

vāstus	vāsta, vāstum	1. öde 2. ungeheuer weit/groß
flūmen	flūminis *n.*	Fluss
illūstris	illūstris, illūstre	1. hell, glänzend 2. berühmt
prīvātus	prīvāta, prīvātum	privat
5 fluere	fluō, flūxī, flūxum	fließen
ōstium	ōstiī *n.*	1. Eingang 2. Mündung *eines Flusses*
quoque	*Adv.*	auch
cingere	cingō, cīnxī, cīnctum	umgürten, umgeben
luxuria	luxuriae *f.*	Genusssucht
10 māgnus	māgna, māgnum	groß
	Komparativ māior, māius	größer
	Superlativ maximus, maxima, maximum	größter/am größten
lacus	lacūs *m.*	See
quam	*mit Superlativ*	möglichst + *Grundstufe des Adjektivs/Adverbs*
splendidus	splendida, splendidum	glänzend; prächtig
quam splendidissimus		möglichst glänzend; möglichst prächtig
fundāmentum	fundāmentī *n.*	Grundlage, Fundament
fundāmentum iacere		ein/das Fundament legen
15 aedificium	aedificiī *n.*	Gebäude, Bauwerk
singulī	singulae, singula	einzeln, je einer
parvus	parva, parvum	klein
	Komparativ minor, minus	kleiner
	Superlativ minimus, minima, minimum	kleinster/am kleinsten
multī	multae, multa	viele
	Komparativ plūrēs, plūra (*Gen. Pl.* plūrium)	mehrere
	Superlativ plūrimī, plūrimae, plūrima	die meisten
īnsatiābilis	īnsatiābilis, īnsatiābile	unersättlich

20	fastīdium	fastīdiī *n.*	Ekel, Überdruss
	fera	ferae *f.*	(wildes) Tier
	gūstāre	gūstō	kosten, probieren
	tot		so viele
	piscis	piscis *m.* Gen. Pl. piscium	Fisch
25	viscera	viscerum *n. Pl.*	Eingeweide; Leib, Bauch
	lābī	lābor, lāpsus sum	gleiten; fallen
	celer	celeris, celere	schnell
	quam celerrimē		möglichst schnell
	venter	ventris *m.* Gen. Pl. ventrium	(Unter-)Leib, Bauch
	avārus	avāra, avārum	(hab)gierig, geizig
30	malus	mala, malum	schlecht
		Komparativ peīor, pēius	schlechter
		Superlativ pessimus, pessima, pessimum	schlechtester/am schlechtesten
	bonus	bona, bonum	gut
		Komparativ melior, melius	besser
		Superlativ optimus, optima, optimum	bester/am besten
	citus	cita, citum	schnell

Lektion 42

Eigennamen

	Aegyptus	Aegyptī *f.*	Ägypten
	Hispania	Hispaniae *f.*	Spanien

Neue Vokabeln

	architectūra	architectūrae *f.*	Architektur
	īnscrībere	īnscrībō, īnscrīpsī, īnscrīptum	mit einer Inschrift versehen, betiteln
	cōnstruere	cōnstruō, cōnstrūxī, cōnstrūctum	(er)bauen, errichten
	regiō	regiōnis *f.*	Gebiet, Gegend
5	cōnstituere	cōnstituō, cōnstituī, cōnstitūtum	1. festsetzen, beschließen 2. errichten
	cursus	cursūs *m.*	Lauf, Bahn
	subicere	subiciō, subiēcī, subiectum	unterwerfen
	explicāre	explicō	erklären, ausführen

	distāre ā/ab	distō, –, – *mit Abl.*	1. entfernt sein von
			2. sich unterscheiden von
10	merīdiānus	meridiāna, meridiānum	südlich
	ūrere	ūrō, ussī, ustum	verbrennen, versengen
	ūmor	ūmōris *m.*	Feuchtigkeit
	color	colōris *m.*	Farbe
	capillus	capillī *m.*	Haar
15	niger	nigra, nigrum	schwarz
	exiguus	exigua, exiguum	klein, gering, unbedeutend
	rebellāre	rebellō	rebellieren, sich auflehnen
	aptus	apta, aptum	geeignet, passend
	exhaurīre	exhauriō, exhausī, exhaustum	ausschöpfen, leeren
20	vīs	*f.; Akk.* vim; *Abl.* vī; *Pl.* vīrēs, vīrium	Kraft, Gewalt
	fundere	fundō, fūdī, fūsum	1. ausgießen 2. zerstreuen
	candidus	candida, candidum	weiß
	dīrēctus	dīrēcta, dīrēctum	gerade
	abundantia	abundantiae *f.*	Überfluss, Fülle
25	cupidus	cupida, cupidum *mit Gen.*	begierig *nach etwas/zu tun*
	cupidus pūgnandī		begierig zu kämpfen
	incola	incolae *m.* und *f.*	Einwohner(in), Bewohner(in)
	merīdiēs	merīdiēī ***m.***	Mittag
	fortitūdō	fortitūdinis *f.*	Tapferkeit
	temperātus	temperāta, temperātum	gemäßigt
30	collocāre	collocō	aufstellen, (hin)stellen, (hin)setzen
	causā	*mit vorausgehendem Gen.*	wegen; um zu
	videndī causā		wegen des Sehens, um zu sehen
	cadere	cadō, cecidī, *Part. der Nachzeitigkeit Akt./Part. Fut. Akt.* cāsūrus	fallen

Lektion 43

Eigennamen

Sōcratēs	Sōcratis *m.*	*griechischer Philosoph (4. Jahrhundert v. Chr.)*
Pȳthia	Pȳthiae *f.*	*Orakelpriesterin in Delphi*

Vokabeln

Stammformen bereits gelernter Verben

dēsistere	dēsistō, dēstitī, –	aufhören
īnspicere	īnspiciō, īnspexī, īnspectum	hineinschauen, ansehen

Neue Vokabeln

probrum	probrī *n.*	1. Vorwurf 2. Schandtat
maledictum	maledictī *n.*	Beschimpfung, Schmähung
accūsātor	accūsātōris *m.*	Ankläger
congerere	congerō, congessī, congestum	zusammentragen
congerere aliquid in aliquō		jemanden mit etwas überhäufen
5 cōnsilium capere		einen Entschluss fassen
refellere	refellō, refellī, –	widerlegen
mōs	mōris *m.*	Sitte; *im Pl.:* Sitten; Charakter
corrumpere	corrumpō, corrūpī, corruptum	1. verderben 2. bestechen
aestimāre	aestimō	schätzen, meinen
sē sapientem aestimāre		sich für weise halten
10 quī?	*alter Abl.*	wie (nun)?, warum?
probāre	probō	1. untersuchen, prüfen 2. billigen
inquīrere	inquīrō, inquīsīvī, inquīsītum	1. (auf)suchen 2. untersuchen, prüfen
perficere	perficiō, perfēcī, perfectum	ausführen, vollenden
exīstimāre	exīstimō	schätzen, meinen
se sapientem exīstimāre		sich für weise halten
15 dēmōnstrāre	dēmōnstrō	darlegen, beweisen
persuādēre	persuādeō, persuāsī, persuāsum	1. *mit ut:* überreden 2. *mit aci:* überzeugen
mihi persuāsum est		ich bin überzeugt
iūre	*Abl.*	mit Recht
ēmittere	ēmittō, ēmīsī, ēmissum	1. herausschicken 2. freilassen
pollicērī	polliceor, pollicitus sum	versprechen
20 sī modo		1. wenn nur 2. unter der Bedingung, dass
versārī	versor, versātus sum	sich aufhalten

	colloquī	colloquor, collocūtus sum	sich unterhalten
	capitis damnāre		zum Tode verurteilen
	cupiditās	cupiditātis *f.*	Verlangen, Begierde
25	vēritās	vēritātis *f.*	Wahrheit
	īnserere	īnserō, īnsēvī, īnsitum	einpflanzen
	magis	*Adv.*	mehr
	prōmptus	prōmpta, prōmptum	bereit, entschlossen
	praesertim	*Adv.*	zumal, besonders
30	utrum … an		ob … oder
	bonum	bonī *n.*	(geistiges/moralisches) Gut
	age nunc/agite nunc		wohlan (denn)
	cūstōs	cūstōdis *m.*	Wächter
	carcer	carceris *m.*	Gefängnis
35	fortūna	fortūnae *f.*	1. Schicksal 2. Glück

Lektion 44

Eigennamen

Athēniēnsēs	Athēniēnsium *m. Pl.*	Athener
Mārcus Porcius Catō	Mārcī Porciī Catōnis *m.*	*römischer Staatsmann (234–149 v. Chr.)*

Stammformen bereits gelernter Verben

perīre	pereō, periī, *Part. der Nachzeitigkeit Akt./Part. Fut. Akt.* peritūrus	zugrunde gehen

Neue Vokabeln

ōlim	*Adv.*	einst
lēgātus	lēgātī *m.*	Gesandter
senātus	senātūs *m.*	Senat
senātum habēre		eine Senatsversammlung abhalten
philosophia	philosophiae *f.*	Philosophie
5 disserere dē	disserō, disseruī, dissertum	etwas erörtern, sprechen über
Quirītēs	Quirīt(i)um *m. Pl.*	Bürger von Rom
philosophārī	philosophor	philosophieren
pertinēre ad	pertineō, pertinuī, – *mit Akk.*	sich erstrecken, sich beziehen auf
mōnstrāre	mōnstrō	zeigen

10	stultitia	stultitiae *f.*	Dummheit
	iūstus	iūsta, iūstum	gerecht
	forte	*Adv.*	zufällig
	naufragium	naufragiī *n.*	Schiffbruch
	imbēcillus	imbēcilla, imbēcillum	schwach
15	tabula	tabulae *f.*	1. Brett, Tafel 2. Gemälde
	dēicere	dēiciō, dēiēcī, dēiectum	herab-, hinunterstoßen
	cōnscendere	cōnscendō, cōnscendī, cōnscēnsum	besteigen
	testis	testis *m./f.* Gen. Pl. testium	Zeuge/Zeugin
	etiamsī		auch wenn
20	morī	morior, mortuus sum	sterben
	malitia	malitiae *f.*	Bosheit, Boshaftigkeit
	praeferre	praeferō, praetulī, praelātum	vorziehen
	dictum	dictī *n.*	Wort, (Aus-)Spruch
	gravitās	gravitātis *f.*	1. Schwere 2. Ernst, Würde
25	lēgātiō	lēgātiōnis *f.*	Gesandtschaft
	expellere	expellō, expulī, expulsum	heraus-, hinaustreiben
	sollicitāre	sollicitō	erregen, beunruhigen
	nēve	*mit Konj.*	und (dass/damit) nicht; und um nicht
	cēterum	*Adv.*	im Übrigen, übrigens

Lektion 46

Eigennamen
Karolus Māgnus	Karolī Māgnī *m.*	Karl der Große *(800 n. Chr. zum Kaiser gekrönt)*

Stammformen bereits gelernter Verben
gerere	gerō, gessī, gestum	1. tragen 2. führen, ausführen

Neue Vokabeln
Teil 1
rōbustus	rōbusta, rōbustum	stark, kräftig
statūra	statūrae *f.*	Gestalt, Wuchs
mēnsūra	mēnsūrae *f.*	Maß

excēdere	excēdō, excessī, excessum	1. hinausgehen, sich entfernen 2. übersteigen
5 valētūdō	valētūdinis *f.*	Gesundheit(szustand)
quod	*mit Ind.*	1. weil 2. die Tatsache, dass; dass
praeter quod		außer dass
quattuor	*unveränderlich*	vier
febris	febris *f.* Gen. Pl. febrium	Fieber(anfall)
arbitrātus	arbitrātūs *m.*	Gutdünken, Wille
suō arbitrātū		nach seinem Gutdünken/Willen
10 paene	*Adv.*	fast
ōdisse	ōdī *(es gibt nur vom Perfektstamm abgeleitete Formen)*	hassen
suādēre	suādeō, suāsī, suāsum	raten
septimus	septima, septimum	siebter
dēcēdere	dēcēdō, dēcessī, dēcessum	1. weggehen, sich entfernen 2. aus dem Leben scheiden, sterben
15 aetās	aetātis *f.*	(Lebens-)Alter
secundus	secunda, secundum	1. zweiter; folgend 2. günstig

Teil 2

ūllus	ūlla, ūllum	irgendein
nātūra	nātūrae *f.*	Natur
cultus	cultūs *m.*	1. Pflege 2. Verehrung 3. Lebensart
20 trānsgredī	trānsgredior, trānsgressus sum	überschreiten, übertreten
arbitrārī	arbitror, arbitrātus sum	meinen, glauben, halten für
trīgintā	*unveränderlich*	dreißig
perfidia	perfidiae *f.*	Treulosigkeit
convertere	convertō, convertī, conversum	1. wenden 2. umstürzen
sē convertere		sich bekehren
25 resistere	resistō, restitī, –	widerstehen, Widerstand leisten
mīlle	*nur im Pl. deklinierbar:* mīlia, mīlium, mīlibus, mīlia, mīlibus	tausend
uterque	utraque, utrumque	jeder von beiden; beide
utraque rīpa		beide Ufer

	distribuere	distribuō, distribuī, distribūtum	verteilen
	efficere	efficiō, effēcī, effectum	1. hervorbringen, zustande bringen, bilden 2. machen *zu*
30	doctor	doctōris *m.*	1. Lehrer 2. Doktor
	quārē (?)		warum, weshalb (?)
	requīrere	requīrō, requīsīvī, requīsītum	nachforschen; fragen
	sentīre	sentiō, sēnsī, sēnsum	1. fühlen 2. merken

Lektion 47

Eigennamen

	Heloïsa	Heloïsae *f.*	*Eigenname*
	Petrus Abaelardus	Petrī Abaelardī *m.*	*Philosoph und Lehrer (um 1100 n. Chr.)*

Stammformen bereits gelernter Verben

	comperīre	comperiō, comperī, compertum	erfahren

Neue Vokabeln

	neptis	neptis *f.* Gen. Pl. neptium	1. Nichte 2. Enkelin
	ērudīre	ērudiō	unterrichten
	occāsiō	occāsiōnis *f.*	Gelegenheit
	familiāris	familiāris, familiāre	zur Familie gehörig, vertraut
5	avunculus	avunculī *m.*	Onkel
	grātuītō	*Adv.*	unentgeltlich, ohne Geld
	īnstruere	īnstruō, īnstrūxī, īnstrūctum	1. aufstellen, ausrüsten 2. unterrichten
	libenter	*Adv.*	gern
	cottīdiē	*Adv.*	täglich
10	coniungere	coniungō, coniūnxī, coniūnctum	verbinden
	sēcrētus	sēcrēta, sēcrētum	abgelegen, geheim
	recessus	recessūs *m.*	1. Rückzug 2. Versteck
	lēctiō	lēctiōnis *f.*	Lesen, Lektüre
	offerre	offerō, obtulī, oblātum	anbieten
15	aperīre	aperiō, aperuī, apertum	öffnen

sēparātiō	sēparātiōnis *f.*	Trennung
dēlīberāre	dēlīberō	1. erwägen, überlegen
		2. beschließen
mora	morae *f.*	Aufschub, Verzögerung
trānsmittere	trānsmittō, trānsmīsī, trānsmissum	1. hinüberschicken 2. überschreiten
20 soror	sorōris *f.*	Schwester
dōnec	*mit Ind.*	so lange als
	mit Konj.	so lange bis
parere	pariō, peperī, partum	hervorbringen; gebären
nōmināre	nōminō	nennen
metuere	metuō, metuī, –	fürchten, sich fürchten
25 dīlēctus	dīlēcta, dīlēctum	geliebt, geschätzt
lēnīre	lēniō	besänftigen, lindern
dummodo	*mit Konj.*	wenn nur, sofern nur
sēcrētō	*Adv.*	insgeheim, heimlich
dētrīmentum	dētrīmentī *n.*	Schaden
dētrīmentum īnferre		Schaden zufügen

Lektion 48

Stammformen bereits gelernter Verben

addūcere	addūcō, addūxī, adductum	1. herbei-, heranführen
		2. veranlassen
nescīre	nesciō, nescīvī, nescītum	nicht wissen

Neue Vokabeln
Text 1

amātōrius	amātōria, amātōrium	Liebes-
multum	*Adv.*	1. viel, sehr 2. oft
quod sī		wenn also
mūtuus	mūtua, mūtuum	gegenseitig
5 ratiō	ratiōnis *f.*	1. Berechnung 2. Art und Weise
		3. Vernunft
laus	laudis *f.*	Lob
misericordia	misericordiae *f.*	Mitleid, Erbarmen
cum … tum		sowohl … als auch (ganz besonders)

	imprīmīs	*Adv.*	besonders, hauptsächlich
10	fōrma	fōrmae *f.*	1. Gestalt, Form 2. Schönheit
	similis	similis, simile	ähnlich
	cōnārī	cōnor, cōnātus sum	versuchen
	ostendere	ostendō, ostendī, ostentum	zeigen, entgegenstrecken
	facile	*Adv.*	leicht
15	dēspērātiō	dēspērātiōnis *f.*	Verzweiflung
	lāmentārī	lāmentor, lāmentātus sum	(be)jammern
	blandīrī	blandior, blandītus sum	schmeicheln
	dēspērāre	dēspērō	verzweifeln
	callidus	callida, callidum	schlau, geschickt
20	impetrāre	impetrō	durchsetzen, erlangen, erreichen
	dēcernere	dēcernō, dēcrēvī, dēcrētum	entscheiden, beschließen
	quīvīs	quaevīs, quidvīs; *Gen.* cuiusvīs, *Dat.* cuivīs *usw. substantivisch*	jeder beliebige
	quīvīs	quaevīs, quodvīs; *Gen.* cuiusvīs, *Dat.* cuivīs *usw. adjektivisch*	jeder beliebige
	abrumpere	abrumpō, abrūpī, abruptum	ab-, wegreißen

Text 2

25	aequē … ac/atque		gleich/ebenso (wie)
	admīrārī	admīror, admīrātus sum	bewundern
	necesse est		es ist nötig
	commendāre	commendō	1. anvertrauen 2. empfehlen
	quisquam, quicquam	*Gen.* cuiusquam, *Dat.* cuiquam *usw.*	jemand, etwas
30	dissidēre	dissideō, dissēdī, –	uneinig sein, nicht übereinstimmen
	voluptās	voluptātis *f.*	Vergnügen, Lust
	ac		und
	opīnārī	opīnor, opīnātus sum	meinen, vermuten
	excūsāre	excūsō	entschuldigen

Lektion 49

Eigennamen

Chrīstophorus Columbus	Chrīstophorī Columbī *m.*	Christoph(er) Kolumbus *(spanischer Entdecker; 1451–1506)*

Stammformen bereits gelernter Verben

dēscendere	dēscendō, dēscendī, dēscēnsum	hinab-, hinuntersteigen
exīre	exeō, exiī, exitum	hinausgehen

Neue Vokabeln
Text 1

discēdere	discēdō, discessī, discessum	weg-, auseinandergehen
reperīre	reperiō, repperī, repertum	finden, entdecken
contrādīcere	contrādīcō, contrādīxī, contrādictum	widersprechen
possessiō	possessiōnis *f.*	Besitz
5 sexus	sexūs *m.*	Geschlecht
incēdere	incēdō, incessī, incessum	1. einhergehen 2. eindringen
folium	foliī *n.*	Blatt
tegere	tegō, tēxī, tēctum	(be)decken
ēvenīre	ēvenit, ēvēnit, ēventum est	sich ereignen
10 ubī	*mit Ind.*	sobald
cernere	cernō, crēvī, crētum	1. wahrnehmen 2. entscheiden
admodum	*Adv.*	ziemlich, sehr, durchaus
simplex	simplicis	einfach, schlicht
prohibēre	prohibeō	fernhalten, hindern
15 thēsaurus	thēsaurī *m.*	Schatz
immō	*Adv.*	im Gegenteil
potentia	potentiae *f.*	Macht
praecipuē	*Adv.*	besonders
scīlicet	*Adv.*	1. nämlich, das heißt 2. natürlich
20 sānctus	sāncta, sānctum	heilig
conversiō	conversiōnis *f.*	Bekehrung
revertī	revertor, revertī, reversum	zurückkehren
salvus	salva, salvum	gesund, heil, wohlbehalten

tantus … quantus	tanta, tantum … quanta, quantum	so groß … wie (groß)
25 aurum	aurī *n.*	Gold
māiestās	māiestātis *f.*	Größe, Würde, Majestät

Text 2

pavidus	pavida, pavidum	furchtsam, ängstlich
timidus	timida, timidum	furchtsam, ängstlich
extrēmus	extrēma, extrēmum	äußerster, letzter
30 reditus	reditūs *m.*	Rückkehr
sacer	sacra, sacrum	1. heilig 2. verflucht

Lektion 50

Eigennamen

Aesculāpius	Aesculāpiī *m.*	*Äskulap (Gott der Heilkunde, Sohn Apolls)*
Dionȳsius	Dionȳsiī *m.*	*Tyrann von Syrakus*
Epidaurus	Epidaurī *f.*	*Stadt auf der Peloponnes*
Peloponnēsus	Peloponnēsī *f.*	*Peloponnes (südliche Halbinsel Griechenlands)*
Prōserpina	Prōserpinae *f.*	*Göttin in der Unterwelt*

Stammformen bereits gelernter Verben

inicere	iniciō, iniēcī, iniectum	1. hineinwerfen, auf *etwas* werfen 2. einjagen, einflößen
porrigere	porrigō, porrēxī, porrēctum	1. (dar)reichen 2. ausstrecken
sustinēre	sustineō, sustinuī, sustentum	1. (hoch)halten 2. aushalten, ertragen

Neue Vokabeln

tyrannus	tyrannī *m.*	Tyrann
fānum	fānī *n.*	Heiligtum, Tempel
sacrilegus	sacrilegī *m.*	Tempelräuber
dētrahere	dētrahō, dētrāxī, dētractum	herabziehen; wegnehmen
5 grandis	grandis, grande	1. groß 2. großartig, bedeutend
pondus	ponderis *n.*	Gewicht
aestās	aestātis *f.*	Sommer

hiems	hiemis *f.*	Winter
barba	barbae *f.*	Bart
10 dēmittere	dēmittō, dēmīsī, dēmissum	1. hinablassen, -werfen 2. wegnehmen
convenīre	convenit, convēnit	sich gehören, angemessen sein
simulācrum	simulācrī *n.*	Bild
dubitātiō	dubitātiōnis *f.*	Zweifel, Bedenken, Zögern
auferre	auferō, abstulī, ablātum	wegtragen
15 fulmen	fulminis *n.*	Blitz
percutere	percutiō, percussī, percussum	1. durchbohren 2. (tot)schlagen 3. erschüttern
diūturnus	diūturna, diūturnum	lange dauernd, langwierig
invītus	invīta, invītum	unwillig, ungern
mē invītō		gegen meinen Willen
rogus	rogī *m.*	Scheiterhaufen *zur Feuerbestattung*
20 nancīscī	nancīscor, nactus/nānctus sum	1. antreffen 2. bekommen, erhalten
lēgitimus	lēgitima, lēgitimum	gesetz-, rechtmäßig